OFFENBACH EDITION KECK

Kritische Ausgabe Jean-Christophe Keck

Jacques Offenbach

Les Roses du Bengale

6 valses sentimentales
pour piano

BB 3473

ISMN 979-0-2025-3473-1
ISBN 978-3-7931-4170-9

www.boosey.com

Kritische und praktische Ausgabe Jean-Christophe Keck.

OFFENBACH EDITION KECK

Kritische Ausgabe Jean-Christophe Keck

Jacques Offenbach

Les Roses du Bengale

6 Valses sentimentales

pour piano · for piano · für Klavier

BOOSEY & HAWKES
BOTE & BOCK

Préface

Les Roses du Bengale font partie de toute une kyrielle de danses pour piano produites par le jeune Jacques Offenbach (1819–1880) et pour lesquelles on ne dispose guère d'informations quant à leur composition. Il est d'ailleurs fort probable que ces six valses sentimentales aient été composées à différentes dates et dans des contextes variés, avant d'être rassemblées dans un unique recueil dans le but d'une publication. D'ailleurs chaque piécette est offerte à une dédicataire particulière (une rose) issue de la noblesse parisienne : Clémence de Reiset, Herminie de Alcain (la future Mme Offenbach), Virginie de Bletterie, Emilie de Giresse, Léonie de Vernon et Ursule de Beaumont. Un fort joli bouquet auquel le jeune compositeur de tout juste vingt ans n'était certainement pas insensible. Voilà aussi pour lui une manière de se faire une place de choix dans les salons mondains que son camarade Friedrich von Flotow vient de lui faire entrevoir. Publiées aux Editions Henri Lemoine, nous ne connaissons pas la date exacte de parution (certainement au tout début des années 1840), ces valses tout en délicatesse, fantaisie, et contraste, sont apparement destinées aux soirées autour du piano, et non pas au bal comme beaucoup de danses composées par Offenbach pour le Jardin Turc, les Concerts Musard ou les Concerts Jullien. On ne connait d'ailleurs pas de version orchestrale d'aucune de ces six valses. En revanche, Offenbach a réalisé une version pour petite formation instrumentale de la valse n° 1 (certainement exécutée dans un salon parisien) pour deux violons, violoncelle et piano. Le manuscrit sans titre se trouve encore dans les archives de la famille Offenbach ; tout comme le manuscrit autographe de la *Valse tyrolienne* n° 2, écrite le 11 juillet 1842 et initialement intitulée « Une fleur, valse simple – Pensée musicale composée pour l'anniversaire de la naissance de Mlle Herminie de Alcain, par Jacques Offenbach ».

Jean-Christophe Keck, janvier 2017

Preface

Les Roses du Bengale are part of a whole series of dances for piano from the quill of the young Jacques Offenbach (1819–1880). Unfortunately, little is known about their genesis. It is quite likely that these six lyrical waltzes were composed at different points of time, and their creation occasioned by various events, before being joined together into a collection for publication. Each piece is dedicated to a particular dedicatee (a rose) who stems from the Parisian nobility: Clémence de Reiset, Herminie de Alcain (the future Madame Offenbach), Virginie de Bletterie, Emilie de Giresse, Léonie de Vernon, and Ursule de Beaumont. A pretty bouquet to which the only twenty-year-old composer was certainly not indifferent. For him, it was surely also a means of attaining a special place in the fashionable salons into which he had been introduced by his friend Friedrich von Flotow. The cycle was published by Editions Henri Lemoine. We do not know the exact year of publication, which however certainty was in the early 1840s. In their delicacy, their inventiveness, and richness of contrast, these waltzes were surely intended for an intimate soiree, and not for a ball like numerous other of Offenbach's waltzes that were composed for the Jardin Turc, the Concerts Musard, or the Concerts Jullien. For that matter, orchestral versions are not known for any of the six waltzes of this collection. Only of the first waltz did Offenbach make a version for small ensemble, presumably for performance in a Parisian salon, for two violins, violoncello, and piano. The untitled manuscript is still found today in the archive of the Offenbach family, as is also the autograph of the *Valse tyrolienne no. 2*, composed on 11 July 1842 and originally titled "Une fleur, valse simple – Pensée musicale composée pour l'anniversaire de la naissance de Mlle Herminie de Alcain, par Jacques Offenbach" ("a flower, simple waltz – a musical thought composed for the birthday of Mademoiselle Herminie de Alcain by Jacques Offenbach").

Jean-Christophe Keck, January 2017
Translation: Howard Weiner

Vorwort

Les Roses du Bengale sind Teil einer ganzen Reihe von Tänzen für Klavier aus der Feder des jungen Jacques Offenbach (1819–1880), zu deren Entstehungsgeschichte leider wenig bekannt ist. Es ist sehr wahrscheinlich, dass diese sechs gefühlvollen Walzer zu verschiedenen Zeitpunkten komponiert wurden und ihre Entstehung unterschiedlichen Anlässen verdanken, bevor sie zum Zweck der Veröffentlichung zu einer Sammlung vereint wurden. Jedes Stück ist einer besonderen Widmungsträgerin (einer Rose) zugeeignet, die alle der Pariser Noblesse entstammen: Clémence de Reiset, Herminie de Alcain (die zukünftige Madame Offenbach), Virginie de Bletterie, Emilie de Giresse, Léonie de Vernon und Ursule de Beaumont. Ein hübsches Bouquet – den Empfängerinnen gegenüber wird der gerade einmal zwanzigjährige Komponist vermutlich nicht ganz gleichgültig gewesen sein. Es handelte sich für ihn sicher auch um ein Mittel, sich einen besonderen Platz in den mondänen Salons zu verschaffen, in die ihn sein Freund Friedrich von Flotow eingeführt hatte. Der Zyklus ist im Verlag Henri Lemoine erschienen. Leider kennen wir nicht das genaue Erscheinungsjahr, das sich aber mit ziemlicher Gewissheit auf die frühen 1840er Jahre bestimmen lässt. Diese Walzer waren in ihrer Zartheit, ihrem Erfindungs- und Kontrastreichtum sicher für eine intime Soiree bestimmt und nicht für einen Ball, wie zahlreiche andere Walzer von Offenbach, die für den Jardin Turc, die Concerts Musard oder die Concerts Jullien entstanden. Von keinem einzigen der sechs Walzer dieses Zyklus ist im Übrigen eine orchestrierte Fassung bekannt. Lediglich vom ersten schuf Offenbach eine Version für kleines Ensemble, vermutlich ebenfalls für einen Pariser Salon, für zwei Violinen, Cello und Klavier. Das nicht betitelte Manuskript befindet sich noch heute im Archiv der Familie Offenbach; wie auch das Autograph der *Valse tyrolienne* (Nr. 2), komponiert am 11. Juli 1842 und ursprünglich „Une fleur, valse simple – Pensée musicale composée pour l'anniversaire de la naissance de Mlle Herminie de Alcain, par Jacques Offenbach" betitelt („Eine Blume, einfacher Walzer – ein musikalischer Gedanke, komponiert zum Geburtstag von Mademoiselle Herminie de Alcain von Jacques Offenbach").

Jean-Christophe Keck, Januar 2017
Übersetzung: Frank Harders-Wuthenow

Source principale / Primary source / Hauptquelle

Les Roses du Bengale
6 valses sentimentales pour piano
par J. Offenbach
Henri Lemoine
17, rue Pigalle, 256 rue St Honoré et 28, Bould Poissonnière
[Paris]
J. F. 204
Collection Jean-Christophe Keck, Paris

Les Roses du Bengale

Six valses sentimentales pour piano

Jacques Offenbach

1.

Kritische und praktische Ausgabe Jean-Christophe Keck.
 ISMN 979-0-2025-3473-1

63
Ped.
73
Risoluto Agitato
ff
tutta forza
ben marcato il basso
81
con espressione
rall.
88
Animé
p
95
Pressez
rall.
più ritenuto
102
Tempo I°
pp legato
110
118
poco rit.
rall.
estinto

2. Valse du Tyrol

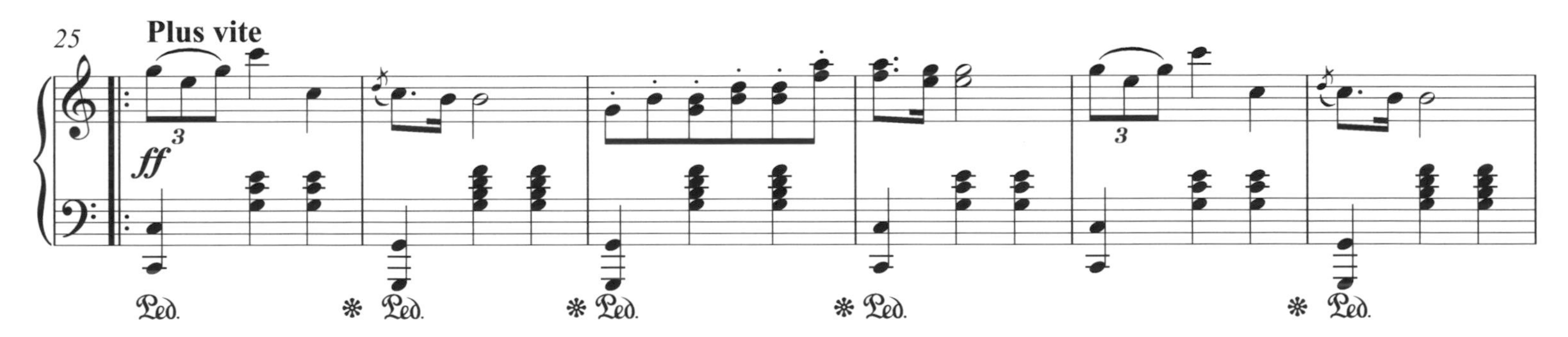

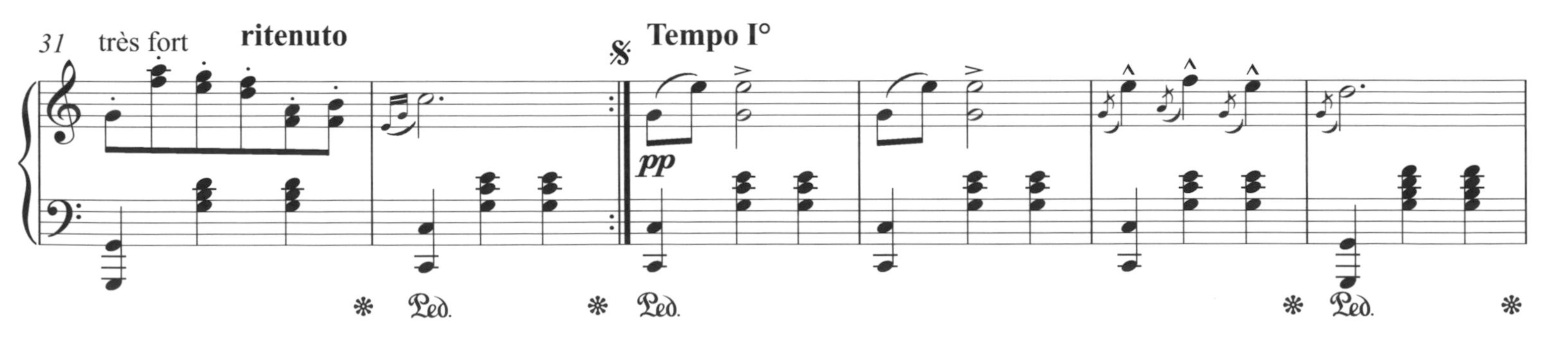

44
rit.
mf
f
ff
Plus vite
tutta forza
3
Ped.
Ped.

51
rit.
très fort
3
Ped.
Ped.
Ped.
Fin

57
Tempo I°

62
ff
Ped.
Ped.

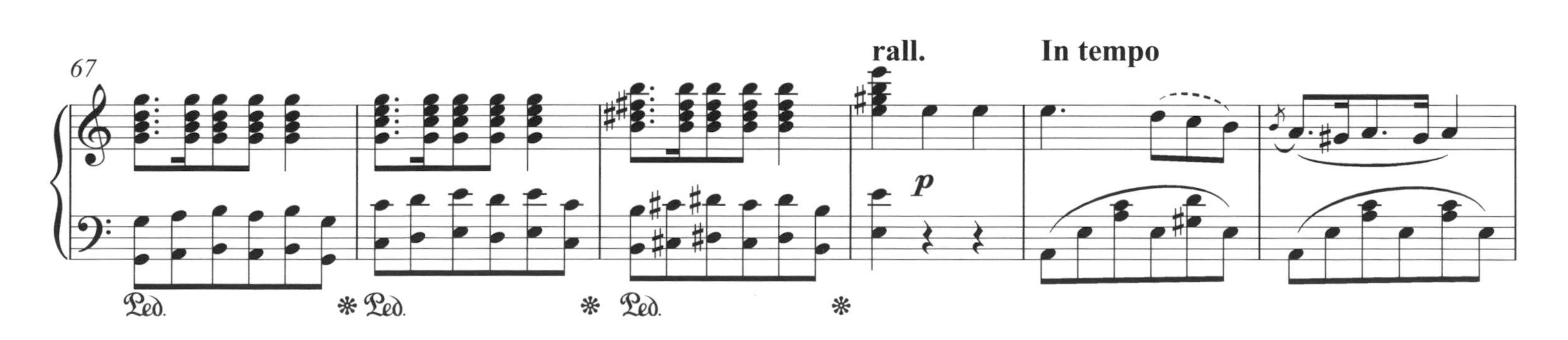
67
rall.
In tempo
p
Ped.
Ped.
Ped.

73
rall.
3
Dal 𝄋

3.

Lento
Piano
p
Ped.
Ped.
p
Ped.

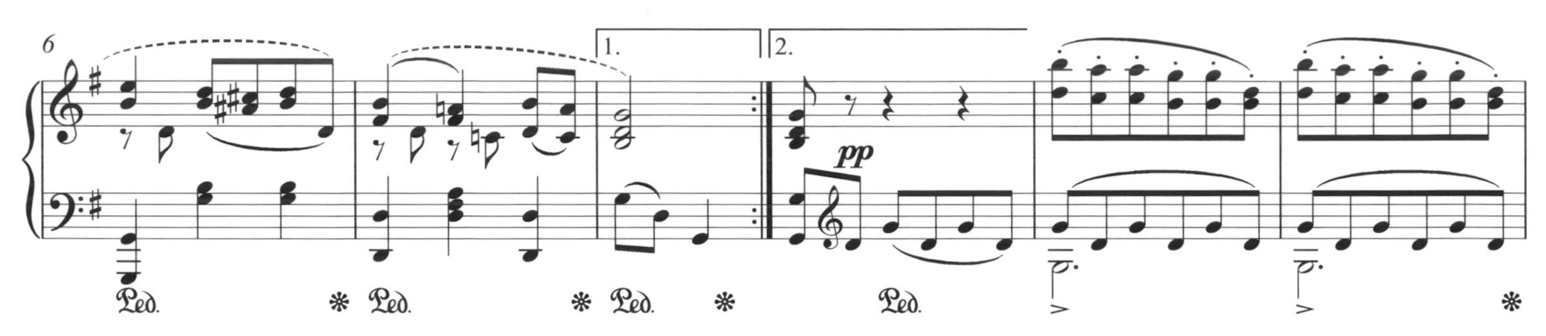
6
1.
2.
pp
Ped.
Ped.
Ped.
Ped.

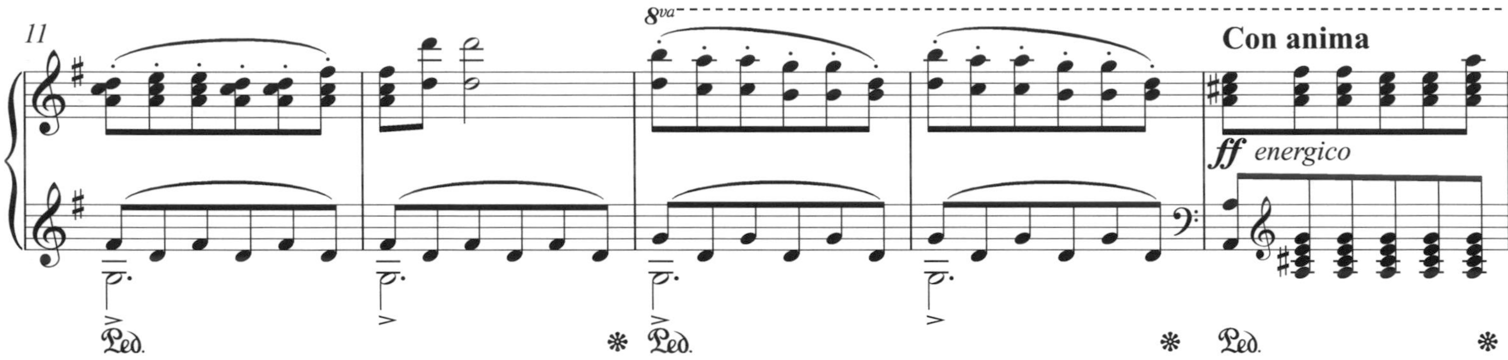
11
8va
Con anima
ff energico
Ped.
Ped.
Ped.

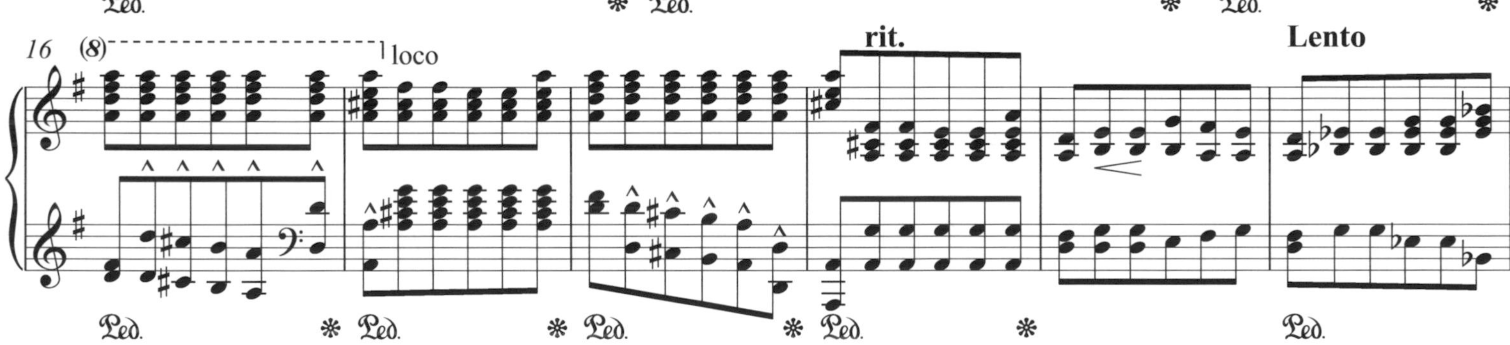
16
(8)
loco
rit.
Lento
Ped.
Ped.
Ped.
Ped.
Ped.

22
rit.
rall.
Tempo I°
pp

27
p
Ped.
Ped.
Ped.
Ped.

33
delicato
Ped.
Ped.
Ped.
Ped.

39
Animé
rit.
[a tempo]
1.
2.
cresc.
con espressione
ff
p
p
Ped.
Ped.
Ped.

45
p
Ped.
Ped.
Ped.
Can-

51
-tando il basso

57
poco rit.
delicato
Ped.
Ped.

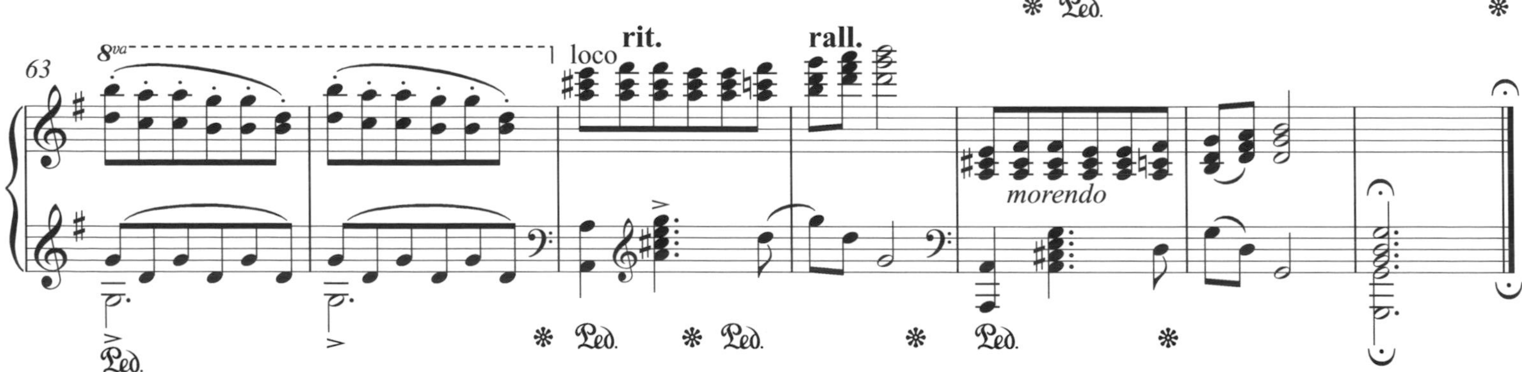
63
8va
loco
rit.
rall.
morendo
Ped.
Ped.
Ped.
Ped.

4.
Andantino
legato
il canto sostenuto
Piano
Animé
cresc.
con passione
rall.
dim.
rit.
Agitato
dim.
rall.

Tempo I°
Animé
rall.
rit.
Plus lent
riten.
pp
dim.
cresc.
ff
con passione
p
plus p
morendo
estinto
8va
Ped.

5.

Allegretto maestoso
Piano
p ben marcato
Ped.

9
pesante
tutta forza
rit.
Ped.

16
[ff]
pp
Ped.

23
Lent rall.
il canto sempre marcato
p
Ped.

28
Ped.

33
rall.
a tempo
Ped.

Tempo I°
p ben marcato
Pesante
tutta forza
rit.
ff
pp
p
dim.
Très lent

6. Valse allemande

50
pp

59

67
cresc.

75
rit.
a tempo
ff

83
pp
ff

91
[pp]
f
p

100
1.

106b
2.
Ped.
Ped.
Ped.
Ped.
Ped.
Ped.

113
mf
Ped.
Ped.
Ped.
Ped.
Ped.
Ped.
Ped.

120
a tempo
ff
[dim.]
p
Ped.
Ped.
Ped.
Ped.
Ped.
Ped.

128
1.
2.

133b
Moins vite
pp

141

149
rall.
dim.
rit.

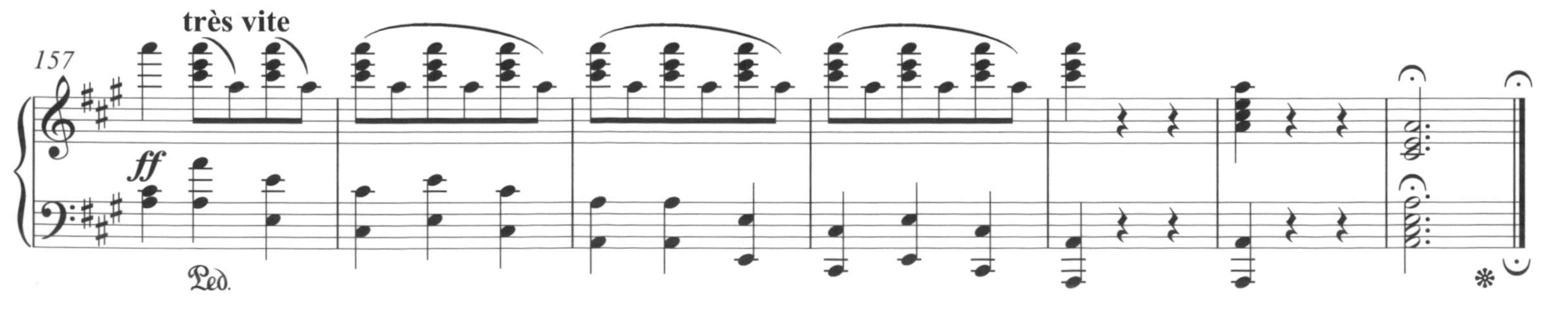
157
très vite
ff
Ped.

Les Roses du Bengale
Six valses sentimentales

Commentaire critique / Editorial comments / Editorische Anmerkungen

Valse n° 1

M. 7 : 𝆮 supprimé / deleted / entfernt. M. 18 : 𝆯 ajouté / added / ergänzt. M. 22 : m. dr. ajout d'un si ♭ sur 1er et 3e temps / r. h. B ♭ added on 1st and 3rd beats / r. H., 1. und 3. Zählzeit Ton B ergänzt im Akkord. M. 44 : m. dr. avant-dernière double croche, plutôt la ♮ ? / r. h. penultimate semi-quaver rather A ♮? / r. H. vorletzte Sechzehntel eher A ♮ ? M. 62 et 64 : 𝆯 ajouté / added / ergänzt. M. 74 : 𝆯 ajouté / added / ergänzt. M. 101 : ajout d'un /added / ergänzt : ············ M. 102–103, 106–107, 110–111, 114 : m. dr. phrasé louré (cf. mes. 19 et suiv.) / r. h. portato (cf. m. 19 and ff) / portato (entspr. T. 19 und folg.). M. 117 : 𝆯 ajouté / added / ergänzt. M. 125 : 𝆯 ajouté / added / ergänzt.

Valse n° 2

M. 27 : 𝆮 et 𝆯 ajoutés / added / ergänzt. M. 43 : m. dr. ^ ajoutés (cf. mes. 35) / r. h. ^ added (cf. m. 35) / r. H. ^ ergänzt. (entspr. T. 35). M. 48 : m. dr. liaison ajoutée (cf. mes. 32) / r. h. slur added (cf. m. 32) / r. H. Bindung ergänzt (entspr. T. 32). M. 51, 56 : m. dr. ···· (cf. mes. 27 et 31) / r. h. ···· (cf. mm. 27 and 31) / r. H. ···· (entspr. T. 27 und 31). M. 57–63 : m. dr. ajout de liaisons (cf. mes. 71 et suiv.) / r. h. slurs added (cf. m. 71 and ff) / r. H. Bögen ergänzt (entspr. T. 71 ff). M. 60 : m. g. liaison ajoutée (cf. mes. 74) / l. h. slur added (cf. m. 74) / l. h. Bogen ergänzt (entspr. T. 74). Mes. 64, 78 : m. dr. liaison ajoutée / r. h. slur added / r. H. Bogen ergänzt. M. 69 : 𝆯 ajouté / added / ergänzt. M. 78 : 𝄌 au lieu de D.C. al 𝄌 / 𝄌 instead of D.C. al 𝄌 / 𝄌 anstelle D.C. al 𝄌

Valse n° 3

M. 1, 2, 6, 8 : 𝆯 ajouté / added / ergänzt. M. 3 : m. g. début de liaison sur 2e temps (cf. mes. 29) / l. h. begin of slur on 2nd beat (cf. m. 29) / l. H. Beginn des Bogens auf der 2. Zählzeit (entspr. T. 29). M. 5–8 : liaisons en pointillé, proposition de l'éditeur / dotted slur: editor's suggestion / punktierter Bogen: Vorschlag des Herausgebers. M. 9–14 : m. g. ajout d'un accent sur le sol^{2} (cf. mes. 59 et suiv.) / l. h. accent below g added (cf. m. 59 ff) / l. H. Akzent unter g hinzugefügt (entspr. T. 59 f.). M. 22 : m. dr. 2e croche, ajout d'un ♭ sur mi^{4} / r. h. 2nd quaver, ♭ added before e'' / r. H. 2. Achtel, ♭ ergänzt vor e''. M. 23 : m. g. 5e double croche, ajout d'un ♯ sur do^{3} / l. h. 5th semi-quaver, added ♯ before c' / l. h. 5. Sechzehntel, ♯ ergänzt vor c'. M. 27, 28 : 𝆯 ajouté / added / ergänzt. M. 31–33 : liaisons en pointillé, proposition de l'éditeur / dotted slur: editor's suggestion / punktierter Bogen: Vorschlag des Herausgebers. M. 52–53 : m. g. dans la source, liaison jusqu'au ré^{2} mes. 53, voir cependant mes. 56–57 / l. h. slur ends on d in m. 53 in the source, but cf. mm. 56–57 / l. H. Bogen endet auf d in T. 53, siehe aber Parallelstelle T. 56–57. M. 55 : m. dr. dans la source, dernier temps si ♩, nous harmonisons conformément à mes. 51 / r. h. last beat B ♩, we change to match m. 51 / r. H. letzte Zählzeit H ♩, wir gleichen an entspr. T. 51. M. 58 : 𝆮 ajouté / added / ergänzt. M. 60 et suiv. : m. g. pas d'accent sur le sol^{2} dans la source / l. h. no accent on g in the source / l. H. kein Akzent auf g in der Quelle. M. 64, 66 : 𝆯 ajouté / added / ergänzt.

Valse n° 4

M. 9 : m. g. 2e temps ajout d'un ré^{3} (cf. mes. 52) / l. h. 2nd beat, d' added (cf. m. 52) / l. H. 2. Zählzeit, d' ergänzt (entspr. T. 52). M. 23–24 : 𝆯 et 𝆮 ajoutés / added / ergänzt. M. 26, 30 : m. dr. ajout d'un ♯ sur do^{3} / r. h. ♯ added before c' / r. H. ♯ ergänzt vor c'. M. 33, 37 : m. dr. 1er temps, source ♪. 𝅘𝅥𝅯, nous harmonisons conformément à mes. 25–29 / r. h. 1st beat, source ♪. 𝅘𝅥𝅯, we change to match mm. 25–29 / r. H. 1. Zählzeit, Quelle ♪. 𝅘𝅥𝅯, wir gleichen entsprechend T. 25–29 an. M. 38: m. dr. ajout d'un ♯ sur do^{4} / r. h. ♯ added before c''/ r. H. ♯ ergänzt vor c''. M. 40 : 𝆮 et 𝆯 ajoutés / added / ergänzt. M. 43 : m. dr. ajout d'un do^{3}/ r. h. added c' / r. h. c' ergänzt. M. 48–48, 56–57 : ajout d'un ············ et d'un ············ (cf. mes. 5–6) / ············ and ············ added (cf. m. 5–6) / ············ und ············ ergänzt (entspr. T. 5–6). Mes. 78 : ajout d'un 𝄐 sur barre finale / 𝄐 added on final bar / 𝄐 ergänzt auf letztem Taktstrich.

Valse n° 5

M. 1 : ✻ ajouté / added / ergänzt. Mes. 16 : [*ff*] ajouté (cf. mes. 58) / added (cf. m. 58) / ergänzt (entspr. T. 58). M. 42 : ✻ ajouté / added / ergänzt. Mes. 44 : 𝒫𝑒𝑑. ajouté / added / ergänzt. Mes. 50 : m. dr. dans la source mi^3 𝅗𝅥, nous harmonisons conformément à mes. 8 / r. h. e' 𝅗𝅥, we change to match m. 8 / r. H. e' 𝅗𝅥, wir gleichen an entspr. T. 8. M. 63 : m. dr. ajout d'une liaison (cf. mes. 7) / r. h. slur added (cf. m. 7) / r. H. Bogen ergänzt (entspr. T. 7). M. 67–68 : m. g. phrasé et nuance, nous harmonisons conformément à mes. 71–72 / l. h. phrasing and articulation, changed to match mm. 71–72 / l. H. Phrasierung und Artikulation an T. 71–72 angeglichen.

Valse n° 6

M. 5–12, 32–39 : pas d'indication de pédale dans la source, nous laissons ainsi / no indication regarding use of pedal in the source / kein Hinweis zum Pedalgebrauch in der Quelle. M. 30 : ajout d'un [*dim.*] / added [*dim.*] / [*dim.*] ergänzt. M. 35 : m. dr. pas de petites notes dans la source sur 1e temps, nous harmonisons conformément à mes. 8 / r. h. grace notes missing on 1st beat, we change to match m. 8 / r. H. Vorschlagsnoten auf der 1. Zählzeit fehlen in der Quelle, wir gleichen an entspr. T. 8. M. 37 : m. dr. ajout d'une liaison (cf. mes. 10) / r. h. slur added (cf. m. 10) / r. H. Bogen ergänzt (entspr. T. 10). M. 91 : [*pp*] ajouté (cf. mes. 44 et 52) / [*pp*] added (cf. mm. 44 and 52) / [*pp*] ergänzt (entspr. T. 44 und 52). M. 99–106 et 126–154 : pas d'indication de pédale dans la source, nous laissons ainsi / no indication regarding use of the pedal in the source, we edit accordingly / kein Hinweis zum Pedalgebrauch in der Quelle. M. 102 : m. dr. pas de petites notes dans la source sur 1er temps, nous harmonisons conformément à mes. 8 / r. h. grace notes missing on 1st beat, we change to match m. 8 / r. H. Vorschlagsnoten auf der 1. Zählzeit fehlen in der Quelle, wir gleichen an entspr. T. 8. M. 121–122 : m. dr. dans la source, liaison prolongée jusqu'au mi^4. Voir cependant mes. 27–28 / r. h. in the source slur prolongued until e'', but cf. mm. 27–28 / r. H. in der Quelle Bogen bis e'', vergleiche aber T. 27–28. M. 124 : ajout d'un [*dim.*] / [*dim.*] added / [*dim.*] ergänzt.